Blesteau · Godard

Toupet

crève l'écran

DUPUIS

Dépôt légal : octobre 1990 D.1990/0089/107
ISBN 2-8001-1782-6 ISSN 0775-6852

Imprimé en Belgique.

AU "NON" DU PÈRE

NON, BINETTE, C'EST TOUT À FAIT IMPOSSIBLE !
NON BINETTE ! NON, NON ET NON !
QUAND J'AI DIT NON, C'EST NON !
VOYONS, BINETTE, ESSAIE DE COMPRENDRE...
...POUR UNE FOIS, MONSIEUR DUBOIS A RAISON. TU NE PEUX PARTIR EN VACANCES AVEC TOUPET !
DANS LE FOND, C'EST COMME AVEC LES BÉBÉS. IL SUFFIT DE PARLER FERMEMENT POUR SE FAIRE OBÉIR !
Poissonnerie
MAHÉ
60
TAXI
GL

CATCH FAMILIAL

JE SUIS TOUJOURS INQUIET QUAND ON CONFIE TOUPET À TES PARENTS POUR LE WEEK-END...
AH OUI? VRAIMENT? POURQUOI?
ON A BEAU LEUR FAIRE DES RECOMMANDATIONS, ILS CROIENT TOUT SAVOIR ET N'ÉCOUTENT RIEN... SURTOUT TON PÈRE!
TU EXAGÈRES!
BONSOIR, MES ENFANTS...
BONSOIR, MAMAN, BONSOIR, PAPA...
SALUT, LA COMPAGNIE!
REGARDE CE QUE PAPA IL A APPORTÉ À SON GENTIL TOUPET...
UN NOUNOURS!
VOUS NE DEVRIEZ PAS L'HABITUER À LUI FAIRE UN CADEAU À CHAQUE FOIS QUE VOUS L'ABANDONNEZ LÂCHEMENT... IL VA FINIR PAR SE DOUTER DE QUELQUE CHOSE...
GARDEZ VOS CONSEILS POUR VOUS, PAPA, VOUS FERIEZ MIEUX D'ÉCOUTER LES MIENS! EST-CE QUE VOUS AVEZ SUIVI TOUTES MES RECOMMANDATIONS, D'ABORD?
DITES DONC, J'AI ÉLEVÉ DES ENFANTS AVANT VOUS, À COMMENCER PAR VOTRE FEMME, ESPÈCE DE MAL POLI! VOUS POURRIEZ M'EN ÊTRE RECONNAISSANT...
EH BIEN JUSTEMENT! PARLONS-EN DE VOTRE FILLE! JE NE VOUDRAIS PAS VOUS VEXER, MAIS...
CE QU'ILS SONT AGAÇANTS, CES DEUX-LÀ!
ATTENDEZ! ON VA ARBITRER LE MATCH...
PREMIER ROUND!
TING TING TING
91

TING
Han!
Hyngganmm...
Oup!
TAP TAP TAP
TOUPET VAINQUEUR!
PAPA, JE VOUS L'AVAIS POURTANT INTERDIT! VOUS AVEZ ENCORE REGARDÉ TOUS LES DEUX LE CATCH À LA TÉLÉ!
QU'EST-CE QUI VOUS FAIT DIRE ÇA?
MON DIEU!
COMME TU DIS!
TAP TAP
92

LE MAL DE VIVRE

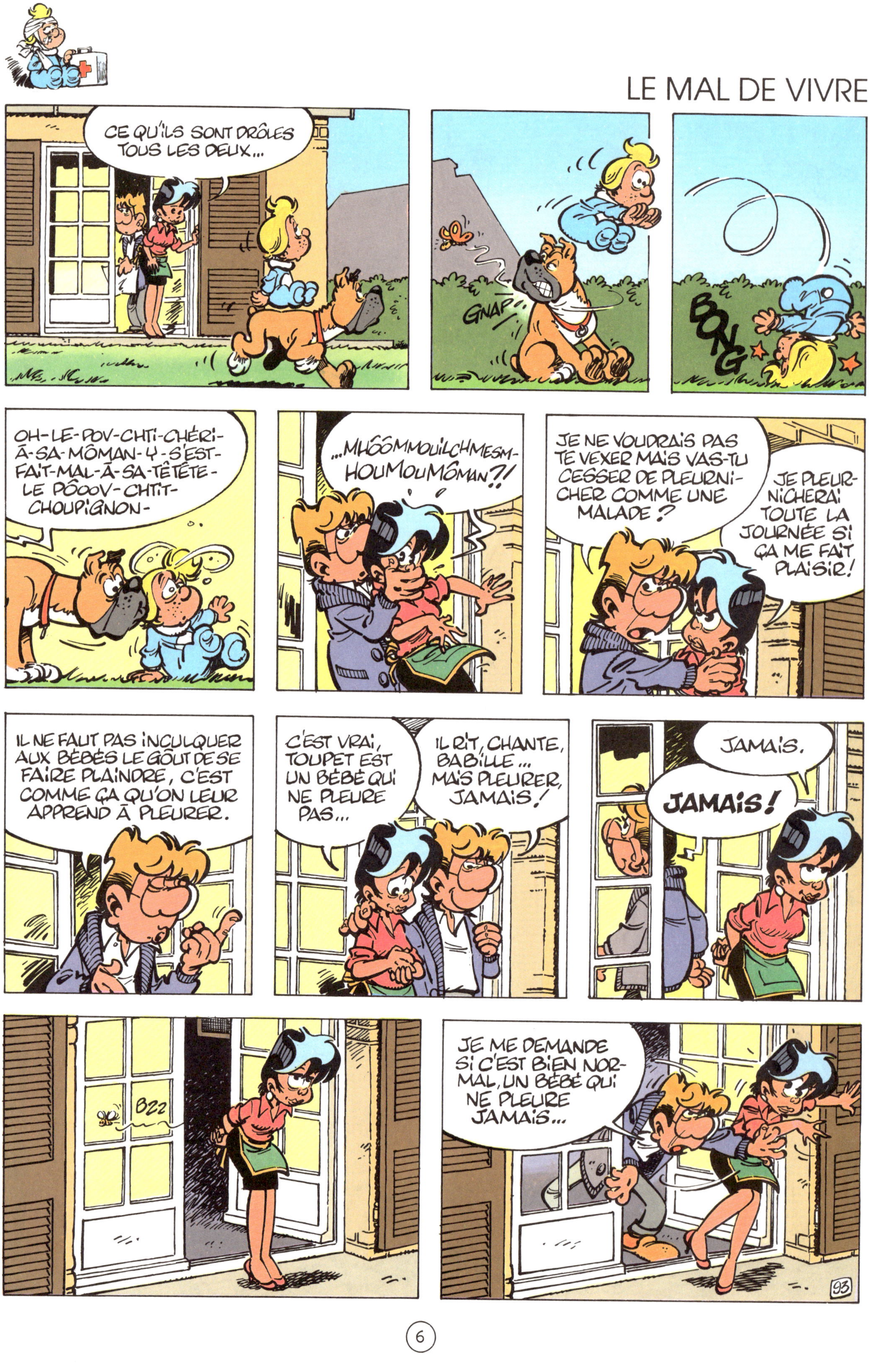

CE QU'ILS SONT DRÔLES TOUS LES DEUX...
GNAP
BONG
OH-LE-POV-CHTI-CHÉRI-À-SA-MÔMAN-Y-S'EST-FAIT-MAL-À-SA-TÊTÊTE-LE PÔOOV-CHTIT-CHOUPIGNON-
...MHÔOMMOUILCHMESM-HOUMOUMÔMAN?!
JE NE VOUDRAIS PAS TE VEXER MAIS VAS-TU CESSER DE PLEURNICHER COMME UNE MALADE ?
JE PLEURNICHERAI TOUTE LA JOURNÉE SI ÇA ME FAIT PLAISIR !
IL NE FAUT PAS INCULQUER AUX BÉBÉS LE GOÛT DE SE FAIRE PLAINDRE, C'EST COMME ÇA QU'ON LEUR APPREND À PLEURER.
C'EST VRAI, TOUPET EST UN BÉBÉ QUI NE PLEURE PAS...
IL RIT, CHANTE, BABILLE... MAIS PLEURER, JAMAIS !
JAMAIS.
JAMAIS !
BZZ
JE ME DEMANDE SI C'EST BIEN NORMAL, UN BÉBÉ QUI NE PLEURE JAMAIS...
93

QU'EST-CE QUE TU ME LE ME VEUX BOURKE ?
JE VEUX DIRE QUE CERTAINS BÉBÉS ONT UNE MALFORMATION NERVEUSE QUI LES EMPÊCHE DE RESSENTIR LA DOULEUR...
ET C'EST UN HANDICAP ÉPOUVANTAF-FREUX !!
TU CROIS QUE...
ÇA ?!
PINCE-LE !
ME 'QU'EST-CE QUE TI ME DUS ?
IL FAUT SAVOIR ! PINCE-LE JE TE DIS !
JE NE PEUX PAS, JE N'AI PAS LE COURAGE !
PUISQUE C'EST COMME ÇA, JE LE PINCERAI MOI-MÊME !
AÏE !
NON ?!
WHAOU ! ÇA LUI FAIT MAL, QUEL BONHEUR !
CLAP
NON, JOSEPH ! ON NE FAIT PAS LA JUSTICE SOI-MÊME !
PAW
DOM-MAGE !
!
!
94

ESSORAGE DEDANS

KLAP
GVOUBLOUI-GH
PAM PAM
♫ PAPAM
PAPIDOO ♪
BRRRWRRRR

POO POO PIDOO!
BRWRR
SNF SNF
OUAH OUAH OUAH
OUAH OUAH OUAH
VROOPP
ACAPULCO
VOYONS, MADAME DUBOIS, TU AS DÛ FAIRE UN CAUCHEMAR ET C'EST TOUT !
QUOI, LE MARTEAU DE TOUPET ? EST-CE QUE JE SAIS, MOI, OÙ IL EST, LE MARTEAU DE TOUPET ?
BONG BONG BONG
BEN, VOILÀ, ELLE M'A JUSTE DIT : C'EST FINI, LA MACHINE À LAVER, ET VIVE LES LAVANDIÈRES DU PORTUGAL !
?!

MALADIE D'AMOUR

ENTENDU. FAITES VITE !
ATCHAA
Y'A PAS DE DOUTE, C'EST UNE GRIPPE CARABINÉE !
BAH ! J'EN AI BVU D'AUTRES !
LE PROBLÈME C'EST LE PETIT !
FRRROOOUUUUTT
NE T'INQUIÈTE PAS ! FIÈVRE OU PAS FIÈVRE, JE M'EN OCCUPE !
JUSTEMENT ! IL N'EN EST PAS QUESTION ! ET LA CONTAGION ? TU AS PENSÉ À LA CONTAGION ?
LA GONDA-QUOI ?! EH, OH ! JE SUIS SA MÈRE, SANS BLAGUE !
JE T'INTERDIS DE... HUMPF... T'APPROCHER DE CET ENFANT ! CE N'EST PAS PARCE QUE TU ES SA MÈRE QUE, HUMPF ! TU AS LE DROIT DE LUI RUINER LA SANTÉ !
CET ENFANT EST LA CHAIR DE BA CHAIR ! MES BICROBES N'OSERONT BAS S'ATTAQUER À LUI !
JE NE VOUDRAIS PAS TE VEXER, MAIS JE NE VEUX PLUS TE VOIR !
VLAM
97

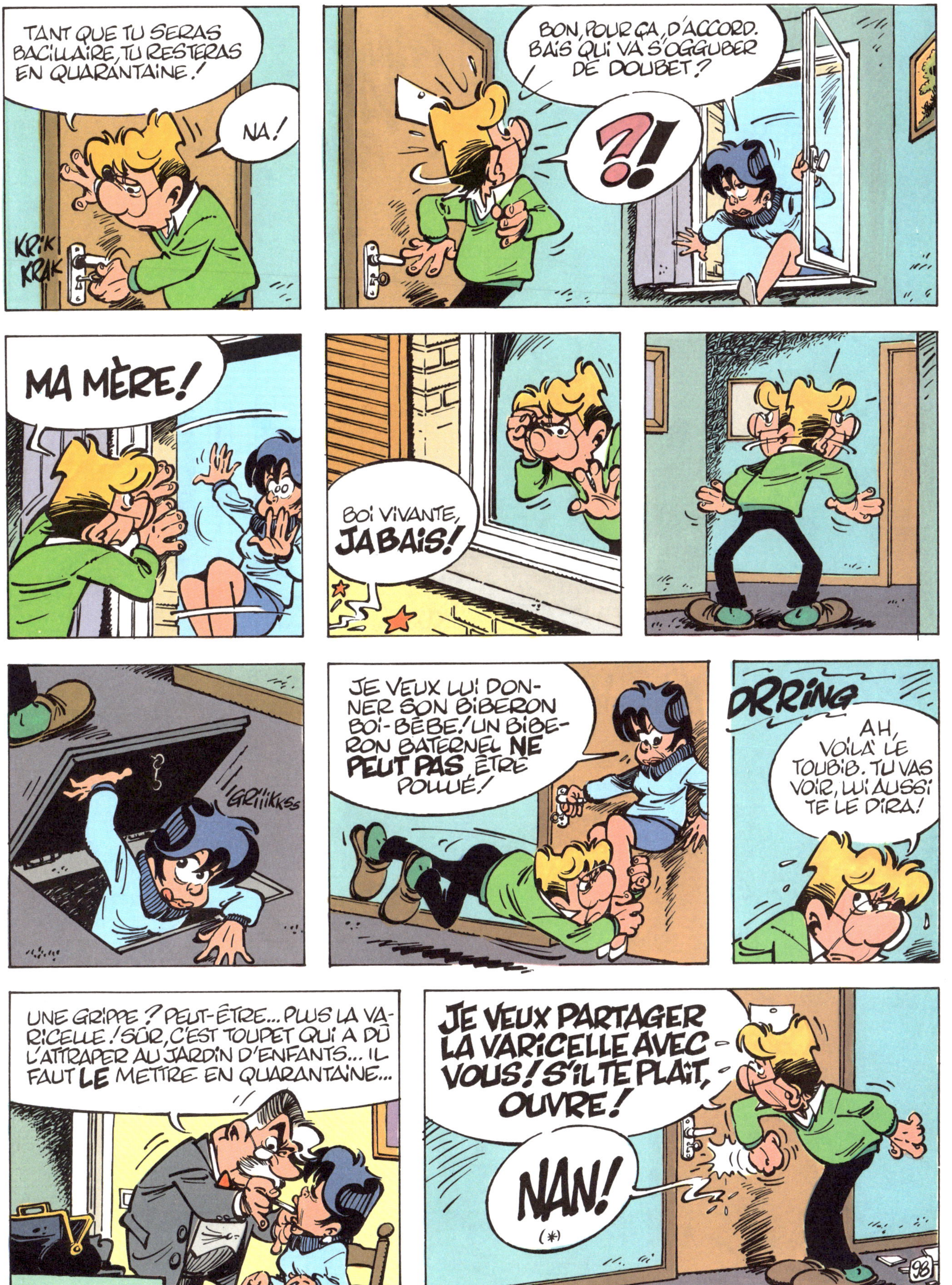

TANT QUE TU SERAS BACILLAIRE, TU RESTERAS EN QUARANTAINE !
NA !
KRIK KRAK
BON, POUR ÇA, D'ACCORD. BAIS QUI VA S'OGGUBER DE DOUBET ?
?!
MA MÈRE !
BOI VIVANTE, JABAIS !
GRIIIKKSS
JE VEUX LUI DONNER SON BIBERON BOI-BÉBÉ ! UN BIBERON BATERNEL NE PEUT PAS ÊTRE POLLUÉ !
DRRING
AH, VOILÀ LE TOUBIB. TU VAS VOIR, LUI AUSSI TE LE DIRA !
UNE GRIPPE ? PEUT-ÊTRE... PLUS LA VARICELLE ! SÛR, C'EST TOUPET QUI A DÛ L'ATTRAPER AU JARDIN D'ENFANTS... IL FAUT LE METTRE EN QUARANTAINE...
JE VEUX PARTAGER LA VARICELLE AVEC VOUS ! S'IL TE PLAÎT, OUVRE !
NAN ! (*)

(*) Voix de Madame Dubois.

LE SANG D'UN POUET-POUET

PANG
PANG
PANG
PANG
Whaaa!
NON, BINETTE! IL EST À TOUPET CE POUÊT-POUÊT! CHACUN SES JOUETS. IL NE FAUT PAS PRENDRE LES JOUETS À TOUPET!
Blwaaa!
?
NON, BINETTE! TOI PAS PRENDRE! TOI JOUER AVEC JOUETS À TOI, UN POINT C'EST MARRE!
Whaaa!

NAOON, BINETTE !
IL EST À TOUPET, CE JOUET, NON MAIS SANS BLAGUE !
PLANG
MAIS PAS DU TOUT...
PRÊTER SON POUËT-POUËT LE JOUR, ELLE VEUT BIEN...
C'EST SON POUËT-POUËT À ELLE...
...MAIS PAS LA NUIT !
AH ?
BON. NE VOUS DÉRANGEZ PAS. JE CONNAIS LE CHEMIN...
Whahaaaa
COMMENT FAIRE MAINTE-NANT POUR LUI EXPLIQUER ?
IM-POS-SIBLE !
?
A la corvée de Peluches
JEUX & JOUETS DIVERS
BLONG BLONG
JE VOUDRAIS UN POUËT-POUËT AVEC DES OREIL-LES NOIRES ET UN GROS NEZ ! C'EST POUR UNE URGENCE !

TOUJOURS PLUS OH !

OUAH
OUAH
OUAH
NON, TOUPET ! ON NE GRIMPE PAS SUR L'ESCABEAU !
OUAH
OUAH
OUAH
NON, TOUPET ! ON NE GRIMPE PAS SUR L'AR-MOIRE !
OUAH
OUAH
OUAH
OUAH
RHAAAAH ! NAON, TOUPET ! ON-NE-GRIMPE-PAS-SUR-UN-TAS-DE-N'IMPORTE-QUOI ! NAON !
101

C'EST INCROYABLE CETTE FACULTÉ QU'IL A DE GRIMPER SUR TOUT CE QUI SE PRÉSENTE...
COMME LES SINGES ?
JE NE VOUDRAIS PAS TE VEXER MAIS PARFAITE-MENT, OUI !
TIENS ! ÇA FAIT LONGTEMPS QUE LA CHIENNE NE NOUS PRÉVIENT PLUS DE RIEN...
JE ME DEMANDE...
MON DIEU ! OÙ EST-IL ENCORE GRIMPÉ !?
J'AI REGARDÉ PARTOUT, JE NE LE VOIS NULLE PART !
LA TOUR...
...D'À CÔTÉ !
...EN CONS-TRUCTION...
TU AS VU LE PETIT QUI DORT AVEC LA CHIENNE ?
IL FAUDRAIT PRÉVENIR LES PARENTS...
LAISSE-LES S'INQUIÉTER UN PEU, CES GENS-LÀ SONT TROP DANS LES NUAGES !
DITES ! VOUS N'AURIEZ PAS VU UN NOUVEAU-NÉ DANS LE COIN PAR HASARD ?
... EN BARBOTEUSE ROSE AVEC DES POIS VERTS...
?

FAUT PAS POUSSER

QU'EST-CE QUI SE PASSE ? QUI T'A FAIT DU CHAGRIN ?
MAIS NON ! PERSONNE ! C'EST À CAUSE DE TOUPET... IL EST LÀ DEPUIS UNE HEURE, ET...
RIEN.
ET HIER ?
RIEN.
ET AVANT-HIER ?
RIEN. C'EST GRAVE ?
NON, NON, CE N'EST RIEN ! NE NOUS AFFOLONS PAS ! RESTONS CALMES ! JE NE CROIS PAS QUE CE SOIT UNE OCCLUSION INTESTINALE MORTELLE FOUDROYANTE !
MHUHUHUHMNMNN...

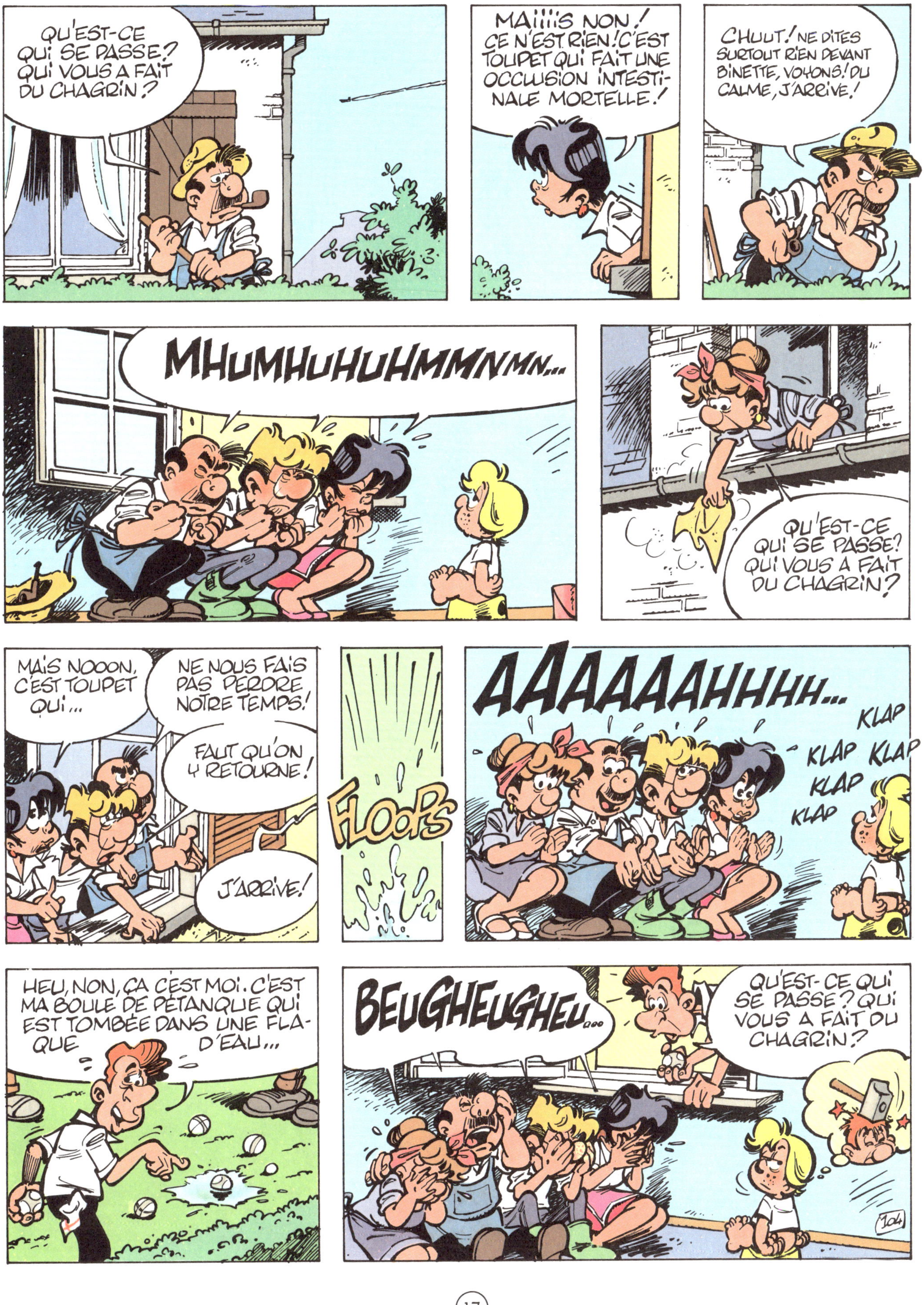
QU'EST-CE QUI SE PASSE? QUI VOUS A FAIT DU CHAGRIN?
MAiiiiS NON! CE N'EST RIEN! C'EST TOUPET QUI FAIT UNE OCCLUSION INTESTINALE MORTELLE!
CHUUT! NE DITES SURTOUT RIEN DEVANT BINETTE, VOYONS! DU CALME, J'ARRIVE!
MHUMHUHUHMMNMN...
QU'EST-CE QUI SE PASSE? QUI VOUS A FAIT DU CHAGRIN?
MAIS NOOON, C'EST TOUPET QUI...
NE NOUS FAIS PAS PERDRE NOTRE TEMPS!
FAUT QU'ON Y RETOURNE!
J'ARRIVE!
FLOOPS
AAAAAAHHHH...
KLAP
KLAP
KLAP
KLAP
KLAP
HEU, NON, ÇA C'EST MOI. C'EST MA BOULE DE PÉTANQUE QUI EST TOMBÉE DANS UNE FLAQUE D'EAU...
BEUGHEUGHEU...
QU'EST-CE QUI SE PASSE? QUI VOUS A FAIT DU CHAGRIN?

RAGE DE DENTS, RAGE DEHORS

DRIIINGG
DUBOIS, C'EST ENCORE POUR VOUS!
HÉ, MAIS QU'EST-CE QUE J'ENTENDS?!
BROUAAAAAA
C'EST TOUPET QUI PLEURE...
EXCUSEZ-MOI, MAIS J'ENTENDS TOUPET QUI PLEURE...
POURQUOI IL PLEURE?!
IL A MAL AUX DENTS!
AUX DENTS?! MAIS...
...IL N'EN A PAS DE DENTS!
AUX DENTS? MAIS IL N'EN A PAS DE DENTS!
JUSTEMENT! IL EST EN TRAIN D'EN FAIRE UNE!
DUBOIS! ET LES MESURES QU'IL CONVIENT DE PRENDRE EN CE QUI CONCERNE LE DÉFICIT EXTÉRIEUR DE NOTRE BALANCE DES PAIEMENTS?
EXCUSEZ-MOI MAIS Y A TOUPET QUI PLEURE!

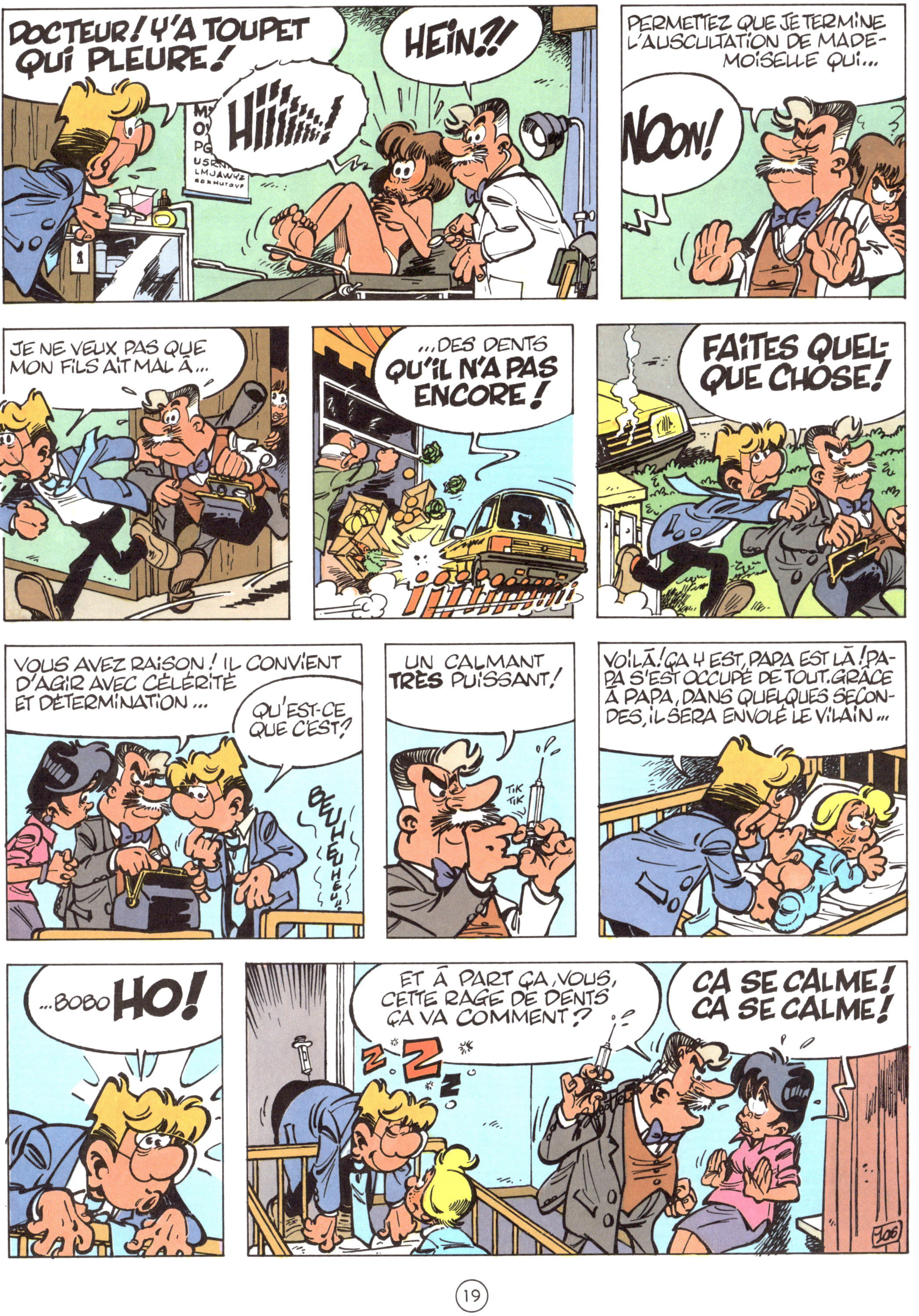
DOCTEUR ! Y'A TOUPET QUI PLEURE !
HIIIIIII... !
HEIN ?!!
PERMETTEZ QUE JE TERMINE L'AUSCULTATION DE MADEMOISELLE QUI...
NOON !
JE NE VEUX PAS QUE MON FILS AIT MAL À...
...DES DENTS QU'IL N'A PAS ENCORE !
FAITES QUELQUE CHOSE !
VOUS AVEZ RAISON ! IL CONVIENT D'AGIR AVEC CÉLÉRITÉ ET DÉTERMINATION ...
QU'EST-CE QUE C'EST ?
BEUHEUHEUH
UN CALMANT TRÈS PUISSANT !
TIK TIK
VOILÀ ! ÇA Y EST, PAPA EST LÀ ! PAPA S'EST OCCUPÉ DE TOUT. GRÂCE À PAPA, DANS QUELQUES SECONDES, IL SERA ENVOLÉ LE VILAIN ...
...BOBO HO !
ET À PART ÇA, VOUS, CETTE RAGE DE DENTS ÇA VA COMMENT ?
CA SE CALME ! CA SE CALME !

TOUT VA BIEN, C'EST L'ENFER

SALUT, TOUS LES DUBOIS ! ET COMMENT VA THE TOUPET ?
BIEN.
PAS DE BOBO ? PAS DE PLAIE AU GENOU ? PAS DE BOSSE SUR LE FRONT ? PAS DE CHUTE DU SOMMET DE L'ARMOIRE ?
NON, RIEN.
ET SUR LE PLAN STOMACAL ? IL N'A RIEN AVALÉ DE FANTAISISTE ? PAS DE DÉTERGENT ? PAS DE FIL AVEC UNE AIGUILLE AU BOUT ? PAS DE BOULE DE NAPHTALINE ?
NON, RIEN.
AH ?
ET QU'EST-CE QU'IL A CASSÉ AVEC SON MARTEAU ?
RIEN.
COMMENT RIEN ? AUCUNE DÉPRADATION ? DEPUIS HIER ? PAS DE VAISSELLE PRÉCIEUSE FRACASSÉE ? PAS D'OBJET PULVÉRISÉ ? PAS DE PENDULE ÉCRABOUILLÉE ?
NON, RIEN.
ET LA CHIENNE ?
QUOI, LA CHIENNE ?
107

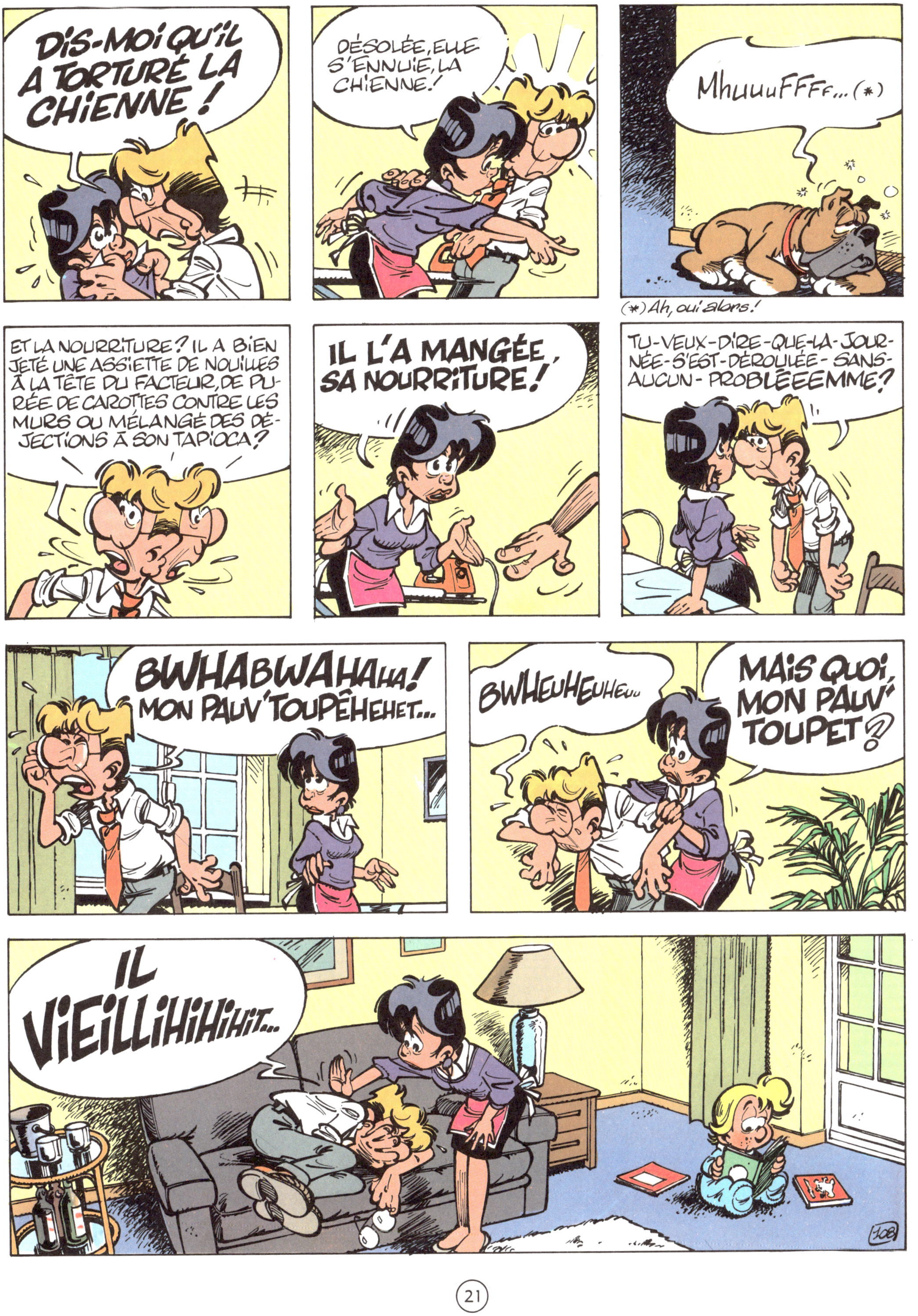
DIS-MOI QU'IL A TORTURÉ LA CHIENNE !
DÉSOLÉE, ELLE S'ENNUIE, LA CHIENNE !
MhuuuFFFF... (*)
(*) Ah, oui alors !
ET LA NOURRITURE ? IL A BIEN JETÉ UNE ASSIETTE DE NOUILLES À LA TÊTE DU FACTEUR, DE PURÉE DE CAROTTES CONTRE LES MURS OU MÉLANGÉ DES DÉJECTIONS À SON TAPIOCA ?
IL L'A MANGÉE, SA NOURRITURE !
TU-VEUX-DIRE-QUE-LA-JOURNÉE-S'EST-DÉROULÉE-SANS-AUCUN-PROBLÈEEEMME ?
BWHABWAHAHAHA ! MON PAUV' TOUPÊHEHET...
BWHEUHEUHEU...
MAIS QUOI, MON PAUV' TOUPET ?
IL VIEILLIHIHIHIHIT...
108

JEUX DE MABOULS

QUOI DE PLUS PAISIBLE...
...DE PLUS REPOSANT...
...DE PLUS DESTRESSANT...
...QU'UNE PARTIE DE BOULES...
... EN FAMILLE...
... LE DIMANCHE !
REGARDEZ BIEN CE COUP-LÀ, VOUS AUTRES ! VOUS ALLEZ VOIR CE QUE VOUS ALLEZ VOIR !
HOP !
NAAOON !
PLOMPF
NON, TOUHOUPET, NON ! CETTE BOUHOULE, C'EST LA BOUHOULE À PAHAPA ! C'EST PAPA LA BOUHOULE À TOUTOU, À TOUHOUPET !
BABAM BABAM (*)
(*) Battements cardiaques proches du crack final
JE NE VOUDRAIS PAS VOUS VEXER, MAIS VOUS AVEZ FAILLI LE TUER, LÀ, AVEC VOTRE JEU D'IMBÉCILES !
BON, ALLEZ, ON JOUE ?
ALLEZ, ON JOUE !
109

CE COUP-LÀ, PAPA, VOUS NE POURREZ PAS MIEUX FAIRE, HÉHÉ !
TOK
NAON, BINETTE ! C'EST MA BOULE À MOI, ÇA, NON MAIS !
C'EST PAS LA BOULE À TOUPET ! IL A PLEIN DE BOULES À LUI, TOUPET ! IL DOIT PAS PRENDRE LA BOULE À PAPA, SANS BLAGUE !
ELLE TOUCHAIT LE COCHONNET, MA BOULE À MOI ! VOUS L'AVEZ VUE ? N'EST-CE PAS QUE VOUS L'AVEZ VUE ?
MOI, JE N'AI RIEN VU !
BON. ALLEZ, ON JOUE ?
ALLEZ, ON JOUE !
ÇA NE FAIT RIEN ! JE RECOMMENCE ET JE FAIS LE MÊME !
NA !
TOK
Na !
TOMP
TAP
TOKOP
TCHOK
Bleteau + Godard
J'ABANDONNE ! ÇA FOUT TROP LES BOULES, LES BOULES !
TOUTES LES EXCUSES SONT BONNES POUR NE PAS PERDRE LA PARTIE AVEC VOUS !
BON. ALLEZ, ON JOUE ?
ALLEZ ON JOUE !
110

SOUFFLER N'EST PAS JOUER

ET TOUPET ?
IL DORT.
COMMENT ÇA, IL DORT ?! DÉJÀ ?
À 8 HEURES DU SOIR ?
EH OUI !
LUI QUI NE VEUT PAS DORMIR AVANT DEUX HEURES DU MATIN ET QUI, TOUS LES SOIRS, NOUS MÈNE UNE VIE D'ENFER ? IL DORT ? LUI ?
EH OUI !
MAIS ALORS, ON VA POUVOIR PASSER UNE SOIRÉE TRANQUILLE DEVANT LA TÉLÉ, ALORS ?
EH OUI !
...ET SE COUCHER DE BONNE HEURE POUR UNE FOIS !
HÉHÉHÉ OUI.
C'EST BEAU, UN BÉBÉ QUI DORT.
EH OUI !
a.. Ff.. a.. Ff..
CE SOUFFLE CALME ET RÉGULIER, C'EST BEAU.
EH OUI.
a.. Ff.. a.. Ff..
ALORS TOI, JE TE PARLE DU SOUFFLE DE TOUPET ET C'EST TOUT CE QUE TU TROUVES À DIRE, TOI ?
EEEH OUI !
...ET QUELLE EST L'UNE DES PRINCIPALES CAUSES DE MORTALITÉ CHEZ LES NOURRISSONS, DOCTEUR ?
SLURRF
SLOOORF
DANS LES PREMIERS MOIS DE L'EXISTENCE, LE NOMBRE DE BÉBÉS QUI ARRÊTENT SPONTANÉMENT DE RESPIRER LA NUIT EST ENCORE DE NOS JOURS RELATIVEMENT ÉLEVÉ !

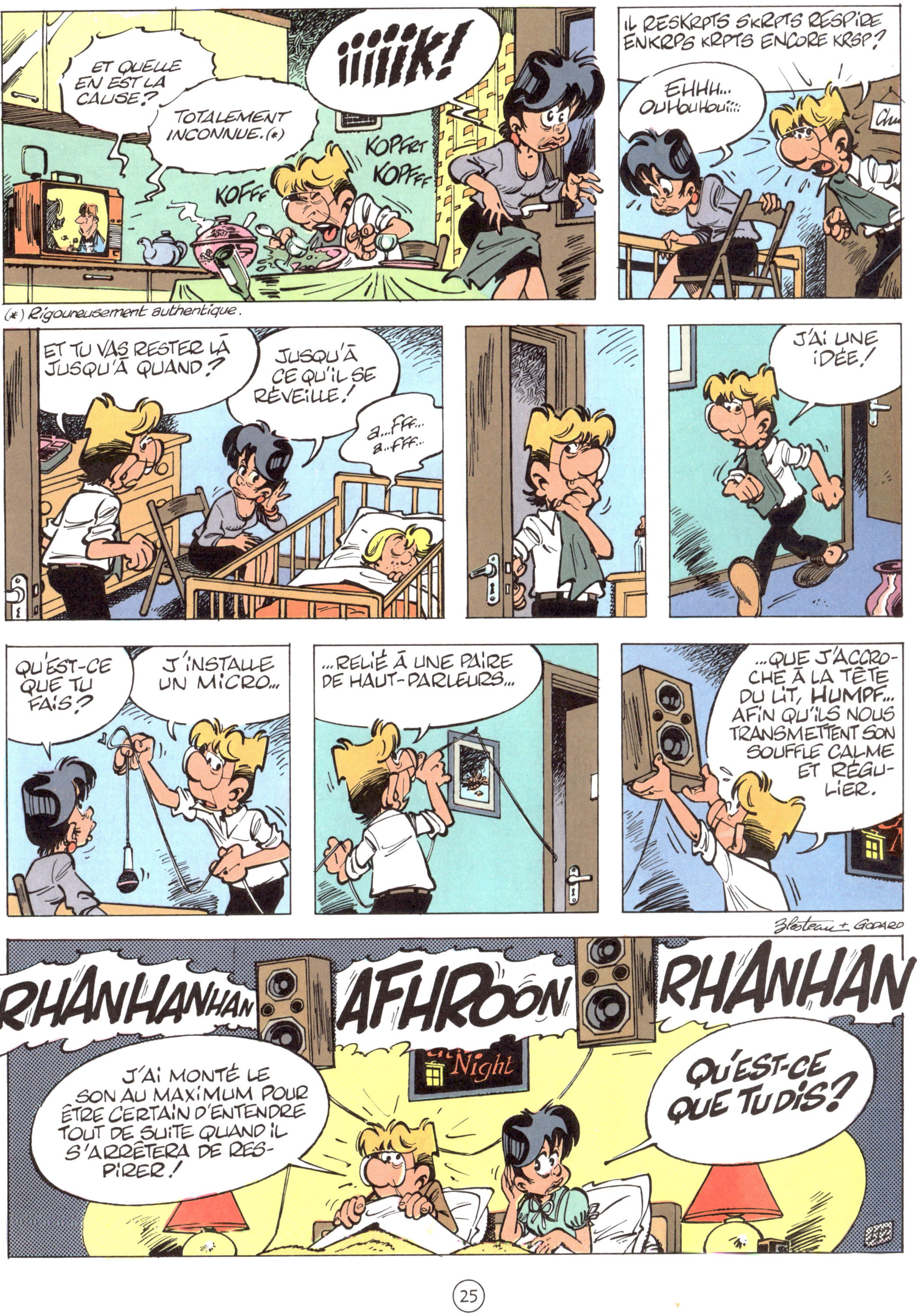
ET QUELLE EN EST LA CAUSE?
TOTALEMENT INCONNUE. (*)
¡¡¡¡¡iK!
KOPFFRT
KOPFFFF
KOFFF
IL RESKRPTS SKRPTS RESPIRE ENKRPS KRPTS ENCORE KRSP?
EHHH... OUHOUHOUi!!!
ET TU VAS RESTER LÀ JUSQU'À QUAND?
JUSQU'À CE QU'IL SE RÉVEILLE!
a...fff..
a...fff..
J'AI UNE IDÉE!
QU'EST-CE QUE TU FAIS?
J'INSTALLE UN MICRO...
...RELIÉ À UNE PAIRE DE HAUT-PARLEURS...
...QUE J'ACCROCHE À LA TÊTE DU LIT, HUMPF... AFIN QU'ILS NOUS TRANSMETTENT SON SOUFFLE CALME ET RÉGULIER.
Blesteau + GODARD
RHANHANHAN
AFHROON
RHANHAN
Night
J'AI MONTÉ LE SON AU MAXIMUM POUR ÊTRE CERTAIN D'ENTENDRE TOUT DE SUITE QUAND IL S'ARRÊTERA DE RESPIRER!
QU'EST-CE QUE TU DIS?

(*) Rigoureusement authentique.

UN ENFANT DE LA BALLE

WRWRRRRWR
SAPRISTOCHE ! REGARDE, MADAME DUBOIS, CE QUE JE VIENS DE RETROUVER AU FOND DE CETTE VIEILLE MALLE...
WRWRRRR
MON VIEUX PASSE-BOULES !
WRWRRRR
COMME C'EST ÉMOUVANT ! COMMENT TU LE TROUVES ?
WRWRRRR
SALE !
WRWRRR
WRWRWRRRR
JE NE VOUDRAIS PAS TE VEXER, MAIS TU NE COMPRENDS RIEN À RIEN COMME D'HABITUDE ! CE JOUET MERVEILLEUX M'A PROCURÉ DES JOIES INCOMPARABLES... JE VAIS DE CE PAS L'OFFRIR...
...À TOUPET !
WRWRRR KLIK
MAIS ALORS, IL FAUT LE LAVER, LE GRATTER, LE RÉCURER, LE DÉSINFECTER ET LE RE- PEINDRE !
?

RÉCURER MON PASSE-BOULES ? À CETTE ÉPOQUE-LÀ, TOUS LES MOTIFS DÉCORATIFS ÉTAIENT PEINTS À LA MAIN PAR DES ARTISTES AUTHENTIQUES ! MAIS TU ES FOLLE ?!
JE NE VEUX PAS QUE TOUPET TOUCHE À CETTE HORREUR POUSSIÉREUSE, NA !
UNE HORREUR, MON PASSE-BOULES ? QUAND JE PENSE À LA MASSE DE MERVEILLEUX SOUVENIRS HAUTEMENT ÉDUCATIFS ET PHILOSOPHIQUES QUI SONT CAPITALISÉS ENTRE SES MODESTES PLANCHES ..!
?
QUAND JE SAIS QUE, S'IL AVAIT FALLU QUE JE NE LÈGUE QU'UNE SEULE CHOSE À MON UNIQUE DESCENDANT, ÇA AURAIT ÉTÉ CELLE-LÀ !
J'AI ENVIE DE CRIER, QUE DIS-JE DE CRIER, DE HURLER !
À MOI, ROSEBUD ! (*)
(*) Le traîneau de Citizen Kane.
PLOPFF
MHMHUUUUFFF...
COMME IL EST INTELLIGENT ? IL A TOUT DE SUITE COMPRIS À QUOI ÇA SERT !
Nan !
Bercovici + GODARD
114

COMME UN SAPEUR

CINZANO
SCRITCHH
POF
POFF
POF
PAPOFF
POUF
AOUKS?
WAF
WAFF
WAF WAFF
HEIN?
EH BIEN OUI, ET ALORS ?.. IL JOUE AVEC UNE PIPE EN CHOCOLAT. BON, ET APRÈS ?
POF

ELLE NE LUI PASSE RIEN, CETTE CHIENNE...
TOUTE RÉFLEXION FAITE, TU AS RAISON.
TU SAIS, MADAME DUBOIS, JE NE CROIS PAS QUE CE SOIT UNE BONNE IDÉE D'OFFRIR À TOUPET DES PIPES EN CHOCOLAT... ÇA PEUT LUI INCULQUER L'HABITUDE DE... ET BINETTE PENSE QUE...
QUELLES PIPES EN CHOCOLAT ?
ALLÔ, DOCTEUR !
C'EST TOUPET, LE BÉBÉ DES DUBOIS, QUI FUME LA PIPE EN CACHETTE. QU'EST-CE QUE VOUS PRÉCONISEZ, DOCTEUR ?
DES CIGARETTES À L'EUCALYPTUS !

ENCERCLÉ , C'EST GAGNÉ

SLOONG
TSCHONK
WHAOoooH! EN PLEIN DANS LE MILLE, HÉ!
TAP TAP
JE SUIS TRÈS FORT AU TIR À L'ARC, ET À PROPOS, OÙ IL EST, TOUPET?
À CETTE HEURE-CI, IL DORT.
SLONG
BON, D'ACCORD! MAIS OÙ ÇA?
HEIN? JE NE SAIS PAS. POURQUOI?
JE NE VOUDRAIS PAS TE VEXER, MAIS JE TIRE À L'ARC! ALORS VA VOIR!
PFFFFFFFFF...
IL DORT DANS LE PLACARD?
NAN.
117

DANS LA NICHE DU CHIEN ?
NAN.
DANS LA CAVE À VIN ?
NAN.
DANS LE BAC À LÉGUMES ?
NAN.
DANS... DANS... DANS SON LIT ?
NAN. NAN. NAN.
MAIS ALORS... OÙ EST-IL ?
?
!
VAVA VA VOIR DER-DERDERRIÈRE LA CICICIBLE !!
RohonFLlll... RohonFLlll...
CO-COMMENT ÇA, TU VEUX ALLEZ À PIED JUSQU'À ROME EN TE FLAGELLANT POUR TE MORTIFIER ?
ROBERT ! METS AU MOINS TES BASKETS !
SCHLAK SCHLAK
SCHLAK
118

LE ROTARY GLOUB

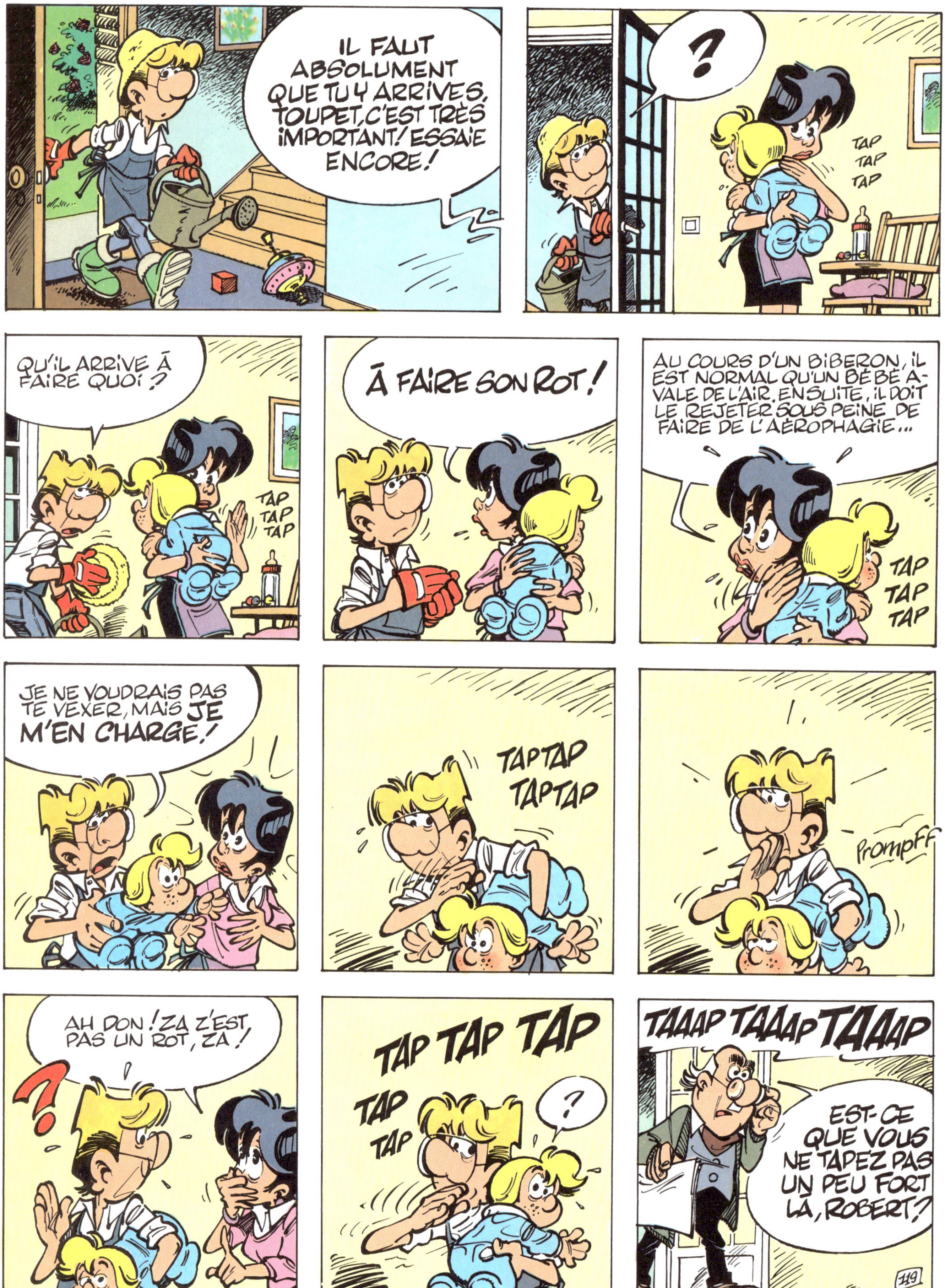

IL FAUT ABSOLUMENT QUE TU Y ARRIVES, TOUPET, C'EST TRÈS IMPORTANT! ESSAIE ENCORE!
?
TAP TAP TAP
QU'IL ARRIVE À FAIRE QUOI ?
TAP TAP TAP
À FAIRE SON ROT!
AU COURS D'UN BIBERON, IL EST NORMAL QU'UN BÉBÉ AVALE DE L'AIR. ENSUITE, IL DOIT LE REJETER SOUS PEINE DE FAIRE DE L'AÉROPHAGIE...
TAP TAP TAP
JE NE VOUDRAIS PAS TE VEXER, MAIS JE M'EN CHARGE!
TAPTAP TAPTAP
PROMPFF
AH DON! ZA Z'EST PAS UN ROT, ZA!
?
TAP TAP TAP
TAP
TAP
?
TAAAP TAAAP TAAAP
EST-CE QUE VOUS NE TAPEZ PAS UN PEU FORT LÀ, ROBERT?
119

IL LE FAUT, PAPA...
...SINON, IL VA GONFLER COMME UNE BAUDRUCHE QUI FERAIT DE L'HYDROPISIE...
TU VAS LE FAIRE TON ROT, OUI OU NON?
BRONK BRONK BRONK
IL NE FAUT PAS TAPER...
IL FAUT SECOUER...
NON, POUSSER...
MAIS VOYONS, ROBERT! CE N'EST PAS UNE SOLUTION!..
TU ME VOIS GRIMPER SUR LE BUFFET CINQ FOIS PAR JOUR ?!
ÉCARTEZ-VOUS TOUS!
BroâamFF
PLAF
C'EST... C'EST GRAVE ?
NON, NON...
...CE N'EST RIEN...
C'EST LE TROP-PLEIN!
120

TAPETTE DANS UN VERRE D'EAU

ÇA Y EST ! J'EN AI MIS PARTOUT. ON EN SERA BIENTÔT DÉBARRASSÉS.
TU AS TRÈS BIEN FAIT.
Ragots Soir
TU AS MIS QUOI PARTOUT ET ON SERA DÉBARRASSÉS DE QUOI BIENTÔT ?
DES TAPETTES. LA SOURIS.
QU'EST-CE QUE TU AS FAIT ?
Tchak
JE NE VOUDRAIS PAS TE VEXER, MAIS TU ES COMPLÈTEMENT CINGLÉE, MA PAROLE !
Tchak
ÇA VA PAS LA TÊTE AUJOURD'HUI, HEIN, LES DUBOIS !
LETTRES

Tchak
TIENS, JE PRÉFÈRE NE RIEN DIRE !
ET TOUPET, DIS, TU Y AS PENSÉ À TOUPET, DIS ?.. HEIN ?
LUI QUI FOURRE SES PETITES MAINS FRAGILES PARTOUT OÙ IL NE FAUT PAS, ET POUR QUI CHAQUE RECOIN RECÈLE UN DANGER FOUDROYANT, TU VEUX L'ESTROPIER POUR LA VIE ?
HEIN ?
DIS !
TOUT DE MÊME, IL Y A QUELQUE CHOSE QUI M'ÉCHAPPE !..
FRANCHEMENT, TU ME VOIS POSER DES TAPETTES DANS LA PÂTÉE DU CHIEN, LA BOÎTE AUX LETTRES OU LA CUVETTE DES W.C. ?
C'EST QUELQU'UN QUI LES A CHANGÉES DE PLACE ...
JE ME DEMANDE QUI...
!
?
Apipistipi ?
OuiKiKipistihihihi.

LES MOTS DOUX

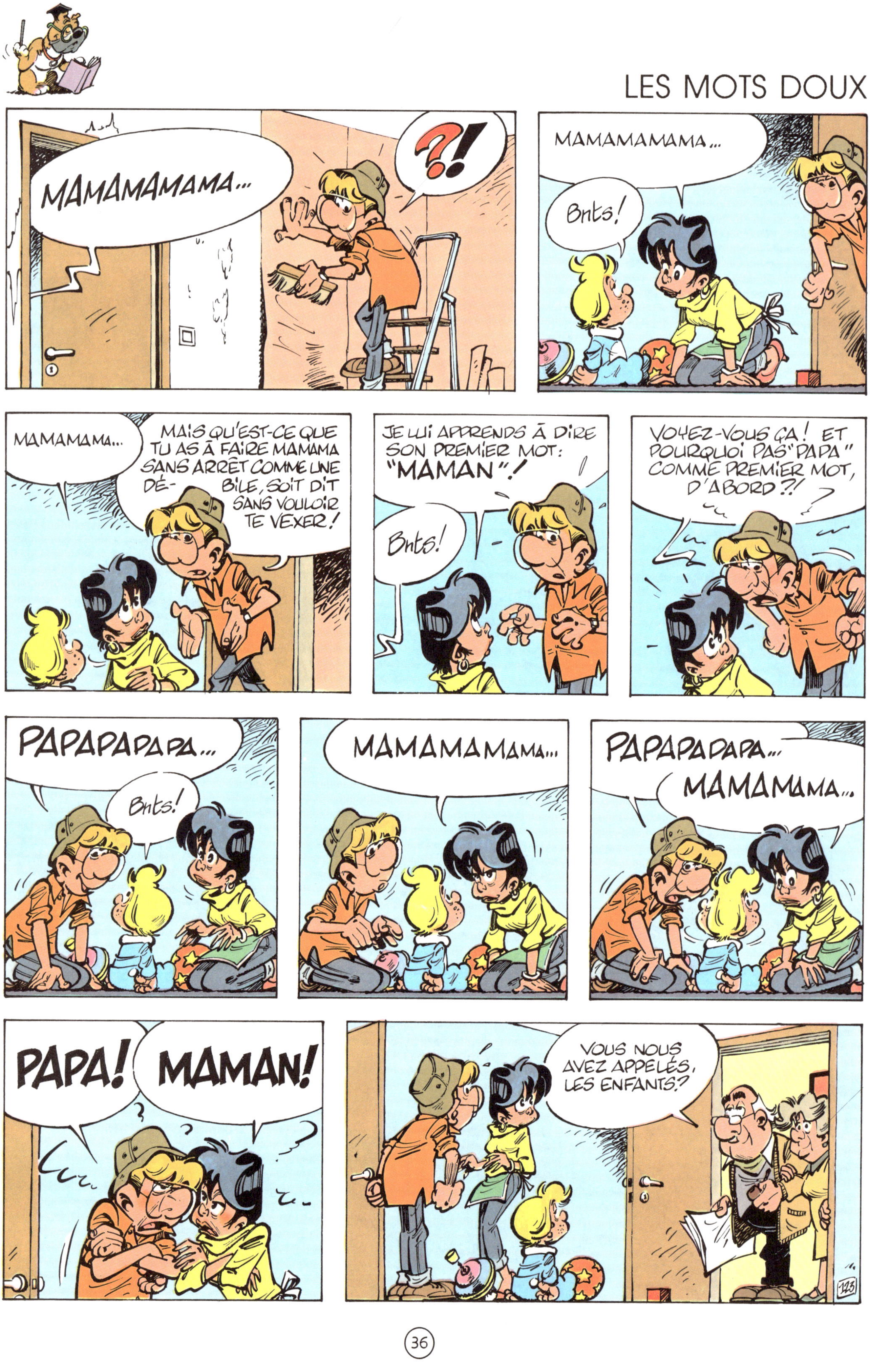

MAMAMAMAMA...
?!
MAMAMAMAMA...
Bnts!
MAMAMAMA...
MAIS QU'EST-CE QUE TU AS À FAIRE MAMAMA SANS ARRÊT COMME UNE DÉ- BILE, SOIT DIT SANS VOULOIR TE VEXER!
JE LUI APPRENDS À DIRE SON PREMIER MOT: "MAMAN"!
Bnts!
VOYEZ-VOUS ÇA! ET POURQUOI PAS "PAPA" COMME PREMIER MOT, D'ABORD?!
PAPAPAPAPA...
Bnts!
MAMAMAMAMA...
PAPAPAPAPA...
MAMAMAMA...
PAPA!
MAMAN!
VOUS NOUS AVEZ APPELÉS, LES ENFANTS?

NE COMMENCEZ PAS À VOUS MÊLER DE CE QUI NE VOUS REGARDE PAS, VOUS DEUX !
OUI, ET PUIS LA BARBE, HEIN !
Bnts!
?
?
FAISONS UN MARCHÉ ! LAISSONS TOUPET CHOISIR COMME UN GRAND LE PREMIER MOT QU'IL PRONONCERA !
C'EST DE BONNE GUERRE !
PAFLAF
?
PAPAAPAPA...
MAMAMAMAMA...
Binets!
DEHORS, VOLEUSE D'AMOUR !
?
!
124

PÉRIL EN LA DEMEURE

?
QU'EST-CE QUE TU FAIS ?!
QUI, MOI ?
OUI, TOI !
JE LIS "SÉDUITE ET MALMENÉE PAR UN PRINCE BERBÈRE" DE MARGARETH MICHMOLL...
ET PENDANT CE TEMPS-LÀ, TOUPET ERRE DANS LA MAISON SANS SURVEILLANCE !
C'EST QUE JE M'ACCORDE UN PEU DE DÉTENTE DE TEMPS EN TEMPS. DISONS UNE FOIS PAR MOIS...
TU TE RENDS COMPTE DE CE QUE TU FAIS ?
ET QUAND JE DIS UNE FOIS PAR MOIS...
UNE MAISON EST UNE SOURCE DE DANGERS INNOMBRABLES ET MORTELS ! ET ÇA, QU'EST-CE QUE C'EST ?
UNE CUVETTE DE WÉCÉ ?
CETTE ANNÉE, 347 BÉBÉS SE SONT COINCÉ LA TÊTE DEDANS EN VOULANT REGARDER PAR LE TROU ET SONT MORTS NOYÉS !
C'est ici !
ON COUPE L'EAU ?
UNE SECONDE !
ET ÇA, QU'EST-CE QUE C'EST ?
UN APPAREIL DE CHAUFCHAUF-HEU ?
125

882 BÉBÉS SE SONT FAIT COUPER LES DEUX MAINS EN VOULANT INTRODUIRE UN CRAYON ENTRE LES AILETTES POUR VOIR CE QUE ÇA FAIT !
ARG !
ET ÇA, QU'EST-CE QUE C'EST ?
JE NE SAIS PLUHUHUHUS...
492 BÉBÉS SE SONT ROMPU LES VERTÈBRES CERVICALES EN RECULANT INNOCEMMENT DANS UN ESCALIER SANS BARRIÈRE DE SÉCURITÉ ...
ET ÇA, QU'EST-CE QUE C'EST ?
UNE CHAISE ÉLECTRI-QUE !
PARFAITEMENT ! 2847 BÉBÉS SE SONT FAIT RISSOLER LE CERVEAU EN VOULANT FAIRE "COMME MAMAN" !
ATTENDS ! JE N'AI PAS FINI DE ...
RHAAAAA ! CETTE MAI-SON ME FAIT HORREUR !
VOYONS, MADAME DUBOIS ! LE CAMPING N'EST PAS UNE SOLUTION.
SURTOUT EN HIVER !
ET ÇA, QU'EST-CE QUE C'EST ?

LA GYMNASTRIQUE

JE SUIS INQUIET !
...ÉLEVER UN ENFANT EN BAS ÂGE EST UNE TÂCHE ÉPROUVANTE... MA FEMME EST JEUNE... ELLE N'ÉTAIT PAS PRÉPARÉE À CELA... J'AI PEUR POUR SON ÉQUILIBRE...
TU DEVRAIS TE MÉFIER !
AH ? POURQUOI TU DIS ÇA ?
J'AI ENTENDU PARLER D'UNE MÈRE COMME ELLE, IRRÉPROCHABLE... ELLE ÉTAIT TELLEMENT PRÉOCCUPÉE DE BIEN FAIRE, QU'UN JOUR ELLE A CRAQUÉ...
AH ? ET ALORS ?
ÇA C'EST TERMINÉ DANS LE SANG, MON PAUVRE VIEUX ! ELLE A ÉTRANGLÉ SON VIEIL ONCLE, TRUCIDÉ SON MARI ET NOYÉ SA PROGÉNITURE !
HURP !
SUR CE, SALUT ET BON WEEK-END !
C'EST ÇA !
QUEL IMBÉCILE, CE GASPARD ! IL FAUT TOUJOURS QU'IL VOIE DES CATASTROPHES PARTOUT !
AH ! QUE VOIS-JE !?
! !
127

ÇA Y EST! CE QUE JE CRAIGNAIS EST ARRIVÉ! ELLE A CRAQUÉ!
ÇA NE SERA RIEN! CALME-TOI, ÇA NE SERA RIEN!
!
?
TU PRENDS TOUT TROP AU TRAGIQUE, C'EST ÇA LE DRAME!
HEIN?!
ET PUIS, TU N'EXPRIMES PAS ASSEZ TES ÉMOTIONS! IL FAUT PARLER, QUE DIABLE!
MHPHMMFFF
C'EST ARRIVÉ À D'AUTRES QU'À TOI! CALME-TOI, ÇA NE SERA RIEN.
ALLÔ, DOCT...?!
MPHFFFF
APRÈS CETTE COURTE PAUSE, NOUS CONTINUONS NOTRE SÉANCE DE "CULTURE PHYSIQUE POUR BÉBÉ" PAR UNE FIGURE QUI SE NOMME "DANS LE DOS LA BALAYETTE"...
'core!
TAP TAP

TA BOUCHE, BÉBÉ

REGARDE COMME IL EST BEAU QUAND IL DORT LA BOUCHE OUVERTE...
BZZZZZ
J'AIME CES MOMENTS-LÀ, QUAND IL EST COMPLÈTEMENT ÉCROULÉ DE FATIGUE, QU'IL EST CEINTURÉ DANS SON BABY-RELAX ET QU'IL NE PEUT ENFIN RIEN LUI ARRIVER...
ON SE DÉTEND?
ON SE DÉTEND?
MHMNMHMN...
MUUUUFFF...
BZZT
AAAAAH!
UNE ABEILLE! IL Y A UNE ABEILLE QUI LUI EST ENTRÉE DANS LA BOUCHE!
K'EST-CE QUE QUOI DONT TU?
ELLE VA LE PIQUER À L'INTÉRIEUR, C'EST L'ŒDÈME À BRÈVE ÉCHÉANCE, L'ÉTOUFFEMENT, L'ASPHYXIE, LA MORT, ET PEUT-ÊTRE PLUS SI LE DARD EST SALE!
MAIS QU'EST-CE QUE J'AI FAIT AU BON DIEU!?
BOOF
BOOF
BOOF

JE NE VOUDRAIS PAS TE VEXER, MAIS ON S'EN FOUT DE TOI EN CE MOMENT ! RÉAGIS QUE DIABLE !
GRRR
?
NON ! LAISSE-MOI FAIRE ! VAS-Y ! N'Y TOUCHE SURTOUT PAS ! PRENDS-LE ! TAIS-TOI ! APPELLE-LE ! SURTOUT NE BOUGE PAS ! REMUE-TOI ! RESTE CALME !
MAIS ENCORE ?
LE MOINDRE MOUVEMENT RISQUE DE RÉVEILLER TOUPET, D'AFFOLER L'ABEILLE, ELLE LE PIQUE ET C'EST LA FIN !
BON, ALORS QU'EST-CE QU'ON FAIT ?
IL FAUT L'ATTIRER AVEC DU MIEL OU DE LA CONFITURE...
JE N'EN AI PLUS. IL A VIDÉ LE DERNIER POT TOUT À L'HEURE DANS LA MACHINE À LAVER.
DE LA CONFITURE TOUT DE SUITE OU JE VOUS FAIS SAUTER LE CAISSON !
CE QUE CE PETIT ARRIVE À LEUR FAIRE FAIRE, C'EST INCROYABLE !
BIENTÔT, ILS ATTAQUERONT UNE BANQUE !
PAS DE DOUTE, ILS LE POURRISSENT !

AU NID SOIT QUI MAL Y PENSE

Cuicaka Cuika Cuit chiiiip
CuikaCuica
CuikaCuicui TchipCuica
131

CLAP
CLAP
CLAP
CLONG
BHOOOUHOUHOUBWAAA
?!
BHOUHOUUU BWAAA WHAA BHOUU!
MAIS QUOI ENCOHOHORE!
C'EST À CAUSE DE TOUPET! IL EST TELLEMENT PRÉCOCE QU'IL PENSE DÉJÀ À FONDER UN FOYERHÉHÉHÉ!
JE NE VOUDRAIS PAS TE VEXER MAIS JE SERAIS CURIEUX DE SAVOIR CE QUI A PU TE SUGGÉRER UNE TELLE ÂNERIE...
BIZZP
132

134
+ GODARD

PRINTED IN BELGIUM BY
proost
INTERNATIONAL BOOK PRODUCTION